JN029699

超高齢社会と認知症について知る本

監修　長田乾

②

認知症<ruby>認知症<rt>にんちしょう</rt></ruby>
って何?

Gakken

もくじ
contents

はじめに

　現在、日本や世界の多くの国で、高齢化が進んでいます。人類の歴史上、高齢者の割合がこんなに高い社会はなかったので、これまでにはなかった問題や課題が出てきています。

　本書では、小中学生のみなさんに楽しみながら学んでいただけるように、マンガとクイズをとおして超高齢社会と認知症について解説しています。

　第2巻では、認知症について学びます。認知症になると、少し前のできごとを忘れてしまうなどして日常生活に支障が出てきます。認知症には、軽いものもあれば重いものもあり、症状は人それぞれです。症状が軽いうちに病院に行って治療をすれば、これまでどおりの日常生活を送れる場合もあります。また、認知症の症状は、いっしょに生活する家族の対応のしかたによって、重くなったり、落ち着いたりします。

　将来、あなたの祖父母や親戚、近所の人、さらには両親など、誰もが認知症になる可能性があります。認知症についての正しい知識を身につけ、認知症の人との接し方の基本を知ってもらえるとうれしく思います。

横浜総合病院
横浜市認知症疾患医療センター　センター長

長田 乾

リナもっ

友だちたくさん
できたよっ

あはは

母さん

病院で血圧とか
いろいろ検査
してみない？

うちの隣の
おばあさんも
病院で診てもらったって

ケンタが
言ってたよ

そうだね…

13

1 認知症って何？

認知症になると、少し前のできごとを忘れてしまうなどして
日常生活に支障が出てきます。

「有名人の名前が思い出せない」といった物忘れは誰にでもあります。こういった一般的な物忘れでは、ヒントやきっかけがあれば思い出すことができ、日常生活に支障はありません。これに対して、少し前のできごとを丸ごと忘れてしまうのが、認知症の代表的な症状です。買い物に行くたびに同じものを買ってくるのもよくある症状の一つです。

厚生労働省によると、65歳以上の認知症の人は日本に約600万人（2020年）もいて、全国の小学生の数約622万人（文部科学省 2021年）にせまる勢いです。

軽度の認知症の人は
見た目ではわからないんだって。

Q1

認知症の症状としてあてはまるのはどれ？一つ選ぼう。

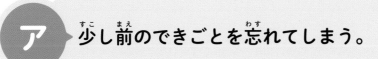

ア 少し前のできごとを忘れてしまう。

イ 声が小さくなる。

ウ 感情がなくなる。

認知症にはいろいろな症状があるって聞いたよ。

 ## 少し前のできごとを忘れてしまう。

認知症にはいろいろな症状があります。

「記憶障害」では、最近のできごとがすっぽり抜けてしまって、何度も同じ話をすることがあります。一般的な物忘れでは、チーズの穴のようにところどころの記憶が抜けていますが、認知症の人はできごとそのものを忘れてしまいます。「実行機能障害」は、リモコンや携帯電話の操作ができなくなったり、料理の手順がわからなくなったり、銀行のＡＴＭでお金を下ろせなくなったりします。「見当識障害」は、今日の日付や曜日がわからなくなったり、今いる場所がわからなくなったりします。脳のはたらきが低下することで生じるこれらの症状を中核症状といいます。

また、認知症には原因となる病気がいろいろあり（→ p.18）、幻覚が見えたり、自分かってな行動をしたりするなど、病気によって症状がちがってきます。

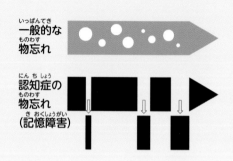

認知症の中核症状	具体例
注意散漫	置き忘れ、しまい忘れが多くなる。
記憶障害	数分もしないうちに同じことを言う。買い物で同じものを買ってしまう。
実行機能障害	要領よく料理がつくれなくなる。
言語障害	人や物の名前が思い出せない。言葉がなかなか出てこない。
視空間認知障害	図形をうまくかけなくなる。
見当識障害	今日の日付や曜日をすぐに言えない。季節外れの服装をする。

いっぽう、人に対する思いやりや、うれしい気持ち、悲しい気持ちなどの感情は残ります。

認知症になっても、感情がなくなるわけじゃないんだね。

Q2

認知症ってどんな病気？一つ選ぼう。

ア 数週間たてば治る。

イ 少しずつ進行していく。

ウ 高齢者だけがなる。

だんだん悪くなっていくのかな？

 少しずつ進行していく。

認知症とは、何らかの原因で脳の認知機能が低下し、日常生活が送れなくなったり、仕事や趣味などの社会生活が難しくなったりした状態のことをいいます。認知症はがんや肺炎などのように一つの病気の名前ではなく、いろいろな共通する症状をともなう状態を指し、症状は一人ひとり異なります。治療をすればやがて治るという病気ではなく、認知症を治す方法や認知症が進行するのを完全に止める治療法はまだ見つかっていません。

多くの場合は高齢になってから認知症になりますが、まれに「若年性認知症」といって、65歳未満で症状が出ることもあります。

認知症には、原因となる病気がいくつかあるんだって。

［ 認知症の原因となる5つの病気 ］

認知症の原因となる病気には、下の表のようなものがあります。

いちばん多いのがアルツハイマー型認知症で、認知症の人の7割近くがこの病気です。血管性、レビー小体型の順に続きます。原因となる病気が複数あることもあります。

認知症の原因となる病気	特徴
アルツハイマー型認知症	物忘れがひどくなる。要領よく料理ができなくなる。
血管性認知症	脳卒中が原因。失語症をともなうことも。
レビー小体型認知症	誰もいないところに人がいると感じる。
前頭側頭葉変性症	自分かってな行動をする。毎日同じ時間に同じことをする。
パーキンソン病	表情が硬くなる。手足がふるえて、素早く動けない。

Q3

認知症の人でも忘れにくいことはどれ？一つ選ぼう。

ア 今が何月であるか。

イ 楽器の演奏のしかた。

ウ 子どもや孫の名前。

みんな忘れちゃうわけじゃないんだね。

イ 楽器の演奏のしかた。

　認知症による物忘れでは、質問したことも答えも忘れて何度も同じことを聞く、前に買ったことを忘れて同じものを買ってくる、約束をメモしたにもかかわらずメモしたことを忘れる、などがあります。家族の名前を忘れてしまうこともあります。

　いっぽうで、子どものころ過ごした家のことを覚えているなど、昔の記憶はしっかり残っていることが特徴です。また、くり返し体で覚えたこと、例えば自転車に乗る、車を運転する、スキーで滑る、楽器を演奏するなどは、忘れにくいといわれています。

スポーツや楽器の演奏は、体で覚えているよ。

［ 一般的な物忘れと認知症の物忘れのちがいは？ ］

　昨日の夕食に何を食べたか忘れてしまった、芸能人の名前が思い出せない……こんなことがあると、「認知症になったのでは？」と思ってしまうかもしれませんが、これは一般的な物忘れといえます。ヒントがあったり時間をかけたりすれば思い出せるでしょう。このような一般的な物忘れは、年をとると自然と多くなります。

　認知症による物忘れでは、夕食を食べたこと自体を忘れてしまいます。最近の記憶がすっぽり抜け落ちてしまうのです（→ p.16）。

	一般的な物忘れ	認知症による物忘れ
最近体験したこと	夕食に何を食べたか忘れる。	夕食を食べたこと自体を忘れる。
新しいことを覚える力	覚えられる。	新しいことは覚えられない。
物忘れの自覚	物忘れを自覚している。	物忘れを全く自覚していない。
探し物	自分の行動を振り返り、努力して探し出す。	常に探し物をしている。紛失を誰かのせいにすることも。
日常生活	とくに困らない。	かなり大変。

Q4

日本では、65歳以上の人の 何人に1人が認知症？

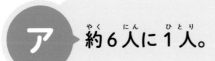

ア 約6人に1人。

イ 約10人に1人。

ウ 約20人に1人。

 思ったよりたくさんの高齢者が認知症なのかも。

ア 約6人に1人。

日本にいる65歳以上の認知症患者は約600万人と推計されています（2020年）。65歳以上の人が6人いれば、そのうちの1人が認知症ということになりますが、いったい誰が認知症なのか見ただけではわかりません。また、ひと口に認知症といっても、ものごとをときどき忘れてしまうような症状が軽い人から、認知症が進行して寝たきりになる人まで、非常に幅があります。

病院に行ったときに「前日眠れなかった」「体調が悪い」「心配ごとがある」など、いろいろなことが診断の結果に影響するため、軽度の場合はとくに、認知症であるかどうかの判断が難しいのです。

認知症の診断は難しいんだね。

[小学生より認知症の人の数が多くなる!?]

超高齢社会の日本では、認知症は珍しい病気ではなくなってきています。2025年、日本国内の認知症高齢者の数は700万人を超え、全国の小学生の数約622万3000人（2021年）を上回ることになると予測されています。

700万人には、症状が軽い人から重い人までが含まれます。この中で手厚い介護が必要な高度の認知症の人は約140万人で、軽度と中等度の認知症の人がそれぞれ約300万人と推定されています。軽度と中等度の認知症の人々は、手助けがあれば日常生活を送ることができます。

いろいろな年代の人の数

小学生
622万3000人

中学生
323万人

高校生
300万8000人

大学生
291万8000人

認知症高齢者
730万人（2025年）

（小学生・中学生・高校生・大学生の数は、文部科学省「学校基本調査」2021年より）

認知症の人はどんどん増えているって本当？

　認知症の人の数は右肩上がりに増えています。65歳以上の認知症の人の数は、2012年の時点では約462万人でしたが、**2025年には約730万人、2050年には約1016万人**になると予測されています。

　日本をはじめ、世界中の国で高齢者人口は増えており、高齢者が増加するのにともなって、認知症の人の数も増えています。年をとると歩く速度が遅くなるように、**脳の機能も自然と落ちていく**のです。

　認知症になると、本人も周りの人も大変ですが、周りの人の協力があれば、その人らしく、楽しく生活することは可能です。国の制度も利用して、介護スタッフといっしょにサポート体制を整えるのがよいでしょう。

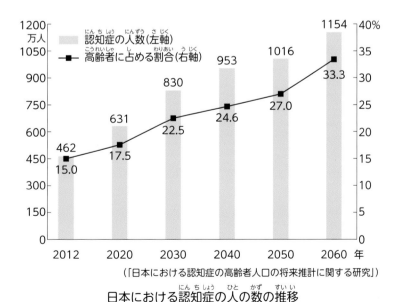

（「日本における認知症の高齢者人口の将来推計に関する研究」）

日本における認知症の人の数の推移

2 家族が認知症かもしれないと思ったら

自分の家族や身近な人が、いつか認知症になるかもしれません。
そんなとき、どうすればいいか考えてみましょう。

　近所で暮らしている高齢者はどうでしょうか？　いっけん元気に見えても、軽い認知症の可能性もあります。同じように、あなたのおじいちゃんやおばあちゃんが実は認知症になっているかもしれませんし、将来認知症になるかもしれません。家族が認知症かもしれないと気づいたときにどうしたらいいか、知っておくことも大切です。
　2章では、家族などの身近な高齢者が認知症になったらどんな症状が出るのか、どうやって診断を受けたり治療を受けたりするのか、周りの人はどうすればよいのかについて学んでいきましょう。

今はそうじゃなくても、いつか認知症になるかもしれないもんね。

Q5

「認知症かも？」と気づくきっかけは？
すべて選ぼう。

ア 高熱が何日も続く。

イ 料理がうまくできなくなる。

ウ 同じ話を何度もくり返す。

風邪やインフルエンザにかかると、
熱が出るよね。

イ 料理がうまくできなくなる。

ウ 同じ話を何度もくり返す。

家族が「認知症かもしれない」と疑ったきっかけとしていちばん多いのが、「同じことを何度も言う、聞く」です。例えばおばあちゃんが「明日病院だったわよね」という質問を1日に何度もくり返すなら、少しあやしいと思ったほうがいいかもしれません。

2番目に「置き忘れ、しまい忘れが目立つ」、さらに「蛇口やガス栓の閉め忘れが目立つ」「いつもしている日課をしなくなった」「時間や場所を正確に言えなくなった」と続きます。

また、いつも自分でしていたこと（料理や銀行でお金を下ろすなど）をほかの誰かに頼むようになったら、注意深く見守る必要がありそうです。

> ときどき会うだけだと、
> 気づかないかもしれないね。

〔認知症になる前の「軽度認知障害」とは？〕

認知症の一つ前の段階は、「軽度認知障害（MCI）」と呼ばれます。物忘れなどの困りごとはあるものの、なんとか日常生活ができる状態のことです。テレビなどでは「認知症予備軍」などともいわれます。

この状態になってからでも、人とたくさん話したり、考えたり、運動したり、薬を飲んだりして進行にブレーキをかければ、認知症の症状が出る時期を遅らせることができるといわれています。

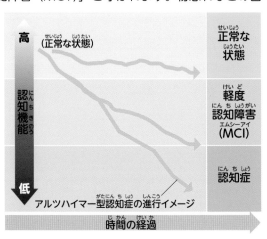

Q6

家族が認知症かもしれないと思ったら、どうする？　一つ選ぼう。

ア 確実に認知症だとわかるまで様子を見る。

イ 1人だけで病院に行ってもらう。

ウ 家族がいっしょに病院に行く。

認知症って、少しずつ進行していくんだったよね。

27

ウ　家族がいっしょに病院に行く。

認知症ではないかと思ったら、できるだけ早く認知症専門の病院に行き、診断してもらうことが大切です。

　自分でも「最近忘れっぽくなったな」と思っている高齢者は、不安をかかえているため、病院に行くのは気が進まないこともあります。家族が「ちょっと血圧を診てもらおうよ」などと声をかけて、いっしょに行くとよいでしょう。

　病院では、今日の日付や家族の関係を聞くなどの問診をはじめ、診察、血圧測定、心理検査などを行い、さらにCT、MRIなどの画像検査の結果などから総合的に判断します。いっしょに行った家族が、医師に物忘れの程度など日常生活のくわしい様子を伝えると、より正しい診断ができます。

病院に行くのは早ければ
早いほどいいんだって！

［認知症で「人が変わったようになる」ことがあるの？］

　これまでテレビドラマが好きだったおばあちゃんが全く興味を示さなくなったという話がよくあります。これは、記憶障害（→ p.16）によって前回見たドラマの内容を忘れてしまい、ストーリーを追えなくなってしまうからです。

　また、社交的で朗らかだった人が急に家に引きこもりがちになることもあります。今までできていたことができなくなったという自覚のある認知症の人は、人前で失敗したくないからと外出を控えるようになります。さらに、アルツハイマー型認知症やレビー小体型認知症の人の中には、気分が落ちこんでしまう、うつ症状を合併する人も少なくありません。

Q7

認知症の治療として行われているのはどれ？すべて選ぼう。

ア なつかしい写真を見て、昔のことを語り合う。

イ 動物とふれあう。

ウ 薬を飲む。

症状が進むのを遅らせたり、生活しやすくするために治療をするんだって。

ア イ ウ すべて行われています。

・・

　認知症の治療には大きく分けて、薬を使う「薬物療法」と、薬を使わない「非薬物療法」があります。薬物療法では、アルツハイマー型認知症やレビー小体型認知症の症状が進むのを遅らせる薬や、不安や興奮を落ち着かせる薬、イライラを抑える薬、安心して眠れるようになる薬などを使います。

　非薬物療法では、ゲームなどをすることで脳を鍛える認知リハビリテーション、楽しかった思い出話などをしてコミュニケーションをはかる回想法、動物とふれあうペット療法、音楽を聞いたり歌ったりする音楽療法、植物を育てる園芸療法などがあります。

　非薬物療法の中でいちばん大切なのは、家族の対応。認知症の人が失敗をしても、しかったりしないことです。

認知リハビリテーション

園芸療法

回想法

いろいろな治療法があるんだね。

認知症の人の胸のうちは……

　物忘れがひどくなった高齢者を家族が病院に連れて行こうとすると、「私は物忘れなんてしていない。病院になんか行かなくていい！」と本人が強く拒否することがあります。

　実は認知症の症状に気づくのは、家族よりも本人の方が先です。人と約束していたことを忘れてしまったり、これまで普通にできていた仕事や家事に支障が出てきたりすることが重なると、本人も「もしや……認知症が始まった⁉」という疑いをもちます。**この先どうなってしまうのかという不安**が大きくなると同時に、「私が認知症になるなんて！」という、**誰に向けたらいいのかわからない怒りや悲しみ**もわいてくるでしょう。

　そんなときに家族から物忘れを指摘されると、さまざまな感情が入り混じって「物忘れなんかしていない！」という言葉が出るのです。

　人によっては、今後の自分を心配するあまり抑うつ的（気分が落ちこみ、何もする気になれない状態）になることがあります。反対に、認知症の疑いをどうしても否定したい場合は、「物忘れなどしていないのに、家族が自分のせいにする」などと妄想的になってしまうこともあります。

　家族が優しく見守っていると、本人の心も穏やかになります。

いろいろなスペシャリストがいます

認知症の人に関わる仕事

認知症の人に関わる仕事は、専門分野ごとに細かく分かれ、
たくさんの種類があります。
それぞれどのような仕事なのか見ていきましょう。

「医療」と「介護」の分野で認知症の人をサポートする

　認知症の人に関わる仕事には、大きく分けて「医療」と「介護」の2つの分野があります。「医療」の分野には病院や認知症の人の自宅に出向いて診察を行う医師、看護を行う看護師、日常生活を送りやすくするための訓練（リハビリテーション）を行う人たちなどがいます。いずれも医学的な立場から認知症になった人に向きあい、治療やリハビリテーションを通して症状を和らげ、病気の進み具合を遅らせることを仕事としています。

　認知症により日常生活を送ることが難しくなった人の手助けをするのが「介護」の分野です。食事やトイレ、入浴といった身の回りの世話から、そうじや洗たく、食事の準備など家事の手伝い、介護施設への送り迎えまで、その仕事内容は幅広いものです。

　介護の仕事は、認知症の人を直接的に世話することだけではありません。ケアマネジャー（介護支援専門員）のように介護に関する専門知識をいかして、たくさんあるサービスの中から、その人に合ったものを探したり、介護をどのように進めていくか計画を立てたりする仕事もあります。

＼こんな仕事があります／

医師
診察や検査を行い認知症の診断をする。認知症の症状を抑えるための薬を処方するほか、患者さんへの対応のしかたを家族に指導することもある。

看護師
認知症の人と家族を、看護でサポートする。看護師は認知症の人の家庭を訪問することもある。

保健師
地域包括支援センターなどで保健指導を行う。

「旅行支援」のボランティアをしている看護師Aさんのお話

　平日は病院で看護師として働き、休みの日に「旅行支援」のボランティアをしています。
　「旅行に行きたいけれど、持病があるから、旅先で体調が悪くならないか心配だな」「重い病気で余命わずかのお父さんを、ふるさとに連れて行ってあげたいな」そして、「認知症の家族と一緒に海外旅行をしたいな」……。
　旅行支援とは、このような高齢者やその家族の要望に応えて、高齢者の自宅から旅先まで、さらには旅先から自宅まで、看護師や介護福祉士などがずっと付き添って看護や介護をすることです。

ケアマネジャー
本人や家族の希望、認知症の進み具合などを考え合わせ、ケアプラン（介護サービス計画書）をつくる。介護サービス事業者との連絡や調整も行う。

作業療法士
食事や着替えなど、日常生活で必要な動作ができなくなった人のリハビリテーションを担当。手芸や工作、音楽鑑賞などにより、症状の改善をはかる。

介護福祉士
認知症の人の心身の状態に応じて、食事やトイレ、入浴、外出などのサポートをする。患者の自宅や介護施設、病院などで活躍。

言語聴覚士
話す・聞く・食べるに関するリハビリテーションの専門家。言葉によるコミュニケーションをとる練習や、スムーズに食べたり飲んだりするための指導を行う。

理学療法士
認知症による体の機能の低下で、歩いたり座ったりすることや、生活に必要な動作が難しくなった人のリハビリテーションを担当。

公認心理師・臨床心理士
心理学の専門知識にもとづいて認知症の人や介護する家族の心のケアを行う。

3 認知症の人とは どう接すればいいの？

身近にいる人が認知症になったら
私たちにはどんなことができるでしょうか。

　認知症が進んでくると、今朝のできごとを忘れてしまったり、料理ができなくなったり、さまざまな症状が出てきます。周りの人は「きちんとした人だったのに、どうしたの？」「何度言ったらわかるんだ!?」などと、心配になったり、しかってしまったりすることもあります。

　しかし、認知症の人は身近な人にしかられると不安や恐怖を感じ、ストレスがかかります。そうなると、認知症の症状が悪化することがあります。安心して落ち着ける環境をつくり、なるべくストレスを減らすと、認知症の症状がやわらぎます。

安心できる環境をつくる
ことが大切なんだね！

Q8

食事を終えたおばあちゃんが
「食べていない」と言ったら？　一つ選ぼう。

ア もう食べたので、これ以上は食べてはいけないと伝える。

イ いっしょにお茶を飲みながら、少し待つ。

ウ 聞こえなかったふりをする。

おばあちゃんは、ごはんを食べたことを忘れてしまっているみたいだ。

 いっしょにお茶を飲みながら、少し待つ。

「食べていない」と言われると、周りの人はびっくりして「さっきいっしょに食べたよ」などと言ってしかってしまうかもしれません。しかし、認知症になると、最近の記憶がすっぽり抜け落ちてしまうので、本人はさっき食べたことをすっかり忘れています。「さっき食べたでしょ」と言われてもピンときません。

また、認知症の人は食べても満腹だと感じにくくなっていて、実際に「おなかが空いた」と感じている場合もあります。こんなときは、食事の準備をしているふりをして、いっしょにお茶を飲んだり、おかしなどを軽く食べたりして、関心をそらしてしまうとよいでしょう。

食べたということを説明するより、
話題を変えるほうがいいんだね！

［ 直近のできごとを忘れる「近時記憶障害」 ］

　認知症の記憶の分類では、現在から1分以内の短期記憶のことを「即時記憶」、長期記憶の中の数分前から数年前の記憶を「近時記憶」、数十年前や若いころ・幼いころの記憶を「遠隔記憶」といいます。

　このうち、アルツハイマー型認知症の初期に失いやすいのは、「近時記憶」です。昨日病院に行ったことやさっき食事をしたことを忘れてしまいます。そのいっぽうで、「遠隔記憶」は失われにくいのです。幼少期のできごとや、若いころの思い出は鮮明に思い出すことができます。

（過去）　　　　　　　　現在　（未来）

| 遠隔記憶 | 近時記憶 | 即時記憶 |

認知症の記憶の分類

Q9

いっしょに住んでいるおじいちゃんが
「家に帰りたい」と言ったらどうする？
一つ選ぼう。

ア 「おじいちゃんの家はここでしょ」と否定する。

イ いっしょに散歩して、家にもどる。

ウ 「そんなこと言っちゃだめ」と言う。

ここがおじいちゃんの家なのに
どこに帰りたいのかな？

 いっしょに散歩して、家にもどる。

認知症の人は夕方になるとそわそわし出し、荷物をまとめて「それでは失礼します」と言って家から出て行こうとすることがあります。「帰宅願望」と呼ばれるもので、落ち着かない感じや、不安な気持ちが背景にあります。

これは、子どものころにもどって、そのころ過ごした家でお母さんが夕食をつくって待っているなどと思いこんでいて、「ここがおじいちゃんの家だよ」と言ってもわからないのです。こんなときは、「どこに行きたいの？」などと、昔にもどったおじいちゃんの子ども時代の話をじっくり聞いてあげると落ち着く場合もあります。

 子ども時代や結婚したころ、赤ちゃんが生まれたとき……
いろんな過去へ行ったり来たりしているのかな。

［ 自分が置かれている状況がわからない「見当識障害」］

自分が置かれている状況を理解することができなくなることを「見当識障害」といいます。主に①時間、②場所、③人の３つがわからなくなっていきます。認知症が進行するにつれ、①→②→③の順に症状が進んでいきます。

①では季節もわからなくなるため、夏なのに冬のコートを着たり、冬なのに冷房をつけたりします。②では家の中でもトイレやお風呂の場所がわからなくなります。③では自分の娘を「私の母です」と人に紹介することもあります。

①時間	今日の日付や曜日がわからない。今が午前か午後かわからない。自分の年齢がわからない。
②場所	自分が今いる場所がわからない。ここが自宅か病院かわからない。
③人	家族の名前や間柄をまちがえる。自分のきょうだいの数や子どもの数がわからない。

Q10

おばあちゃんに「さいふを盗まれた！」と言われたらどうする？　一つ選ぼう。

ア　「盗まれたんじゃなくて自分でなくしたんでしょ」と無視する。

イ　「さっきここにしまったでしょ」としかる。

ウ　いっしょに探すふりをする。

家族が盗んだんじゃないかと
疑われちゃうこともあるんだって！

ウ　いっしょに探す<ruby>探<rt>さが</rt></ruby>すふりをする。

認知症の人は、自分でさいふの置き場所を変えたのに、それを忘れてしまって、盗まれたと感じてしまうことがあります。いつもの引き出しにしまっていたとしても、その引き出しのことを忘れてしまうこともあるのです。

「さっきここにしまっていたよね」と教えてあげると、「なんで知っているの？　あやしい。あなたが犯人じゃないの？」とかえって疑われてしまうことも。そのため、「大変だね、いっしょに探そう」などと言っていっしょに探すふりをし、見つかったら、「よかったね」と喜んであげましょう。しかったり、言い返したりするのは認知症の症状を悪くすることになりかねません。

> お金やさいふを盗まれたと思うのも、認知症の症状の一つなんだね。

行動心理症状って？

認知症の症状は、「中核症状（→ p.16）」と「行動心理症状（BPSD）」に分けられます。行動心理症状は、中核症状によって引き起こされる二次的な症状です。中核症状は共通するものが多いのですが、行動心理症状は人によってさまざまです。

さいふを盗まれたと思うのは、行動心理症状の中の「幻覚・妄想」の一つです。

認知症の行動心理症状	具体例
焦燥・興奮・易怒性	イライラして、怒りっぽくなる。奇声を発する。
攻撃的言動・態度	急にどなったり、暴力をふるったりする。
脱抑制	順番を静かに待つことができない。
幻覚・妄想	さいふを盗られたと言う。いないものが見えることがある。
徘徊	外出の目的を忘れ歩き続ける。
意欲減退	好きだったことへの興味が薄れる。気持ちが沈む。

Q11

外で様子の気になるおじいさんを見かけたらどうする？　一つ選ぼう。

ア おじいさんのあとをつける。

イ 近くの大人に知らせる。

ウ 近寄らないようにする。

どうしたら助けられるかな？

近くの大人に知らせる。

認知症の行動心理症状の一つに「徘徊」があります。何か目的があって外出したのにそれを忘れて、ひたすら歩き続けてしまうことです。ときには、数十キロメートルも歩いて知らない場所にまで行ってしまうこともあります。

季節外れの服を着ていたり、キョロキョロして途方に暮れていたりする高齢者を見かけたら、直接話しかけず、できれば警察官に「様子の気になるおじいさんがいます。どこに行くのかわからないのかもしれません」などと伝えてください。警察官が近くにいない場合などは、近くのお店の店員さんや知っている大人に伝えるとよいでしょう。

大人に頼っていいんだね。

[認知症の行方不明者は、年間約1万8000人！]

徘徊が原因と見られる行方不明者は、1年間に約1万8000人（2021年）で、2013年にはじめて1万人を超えて以降、増え続けています。

徒歩で数十キロメートルも歩く人もいれば、自転車やバス・電車を使う人もいます。ほとんどの人は当日発見されますが、何か月も家族が探し続けることもあります。

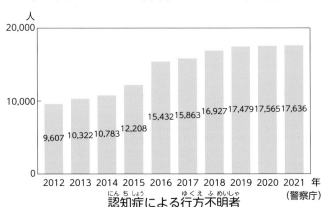

認知症による行方不明者

認知症の症状は、家族の対応で変わる？

　様子が変わってしまったおじいちゃんやおばあちゃんに対してふきげんな顔をしてしまったり、どう接したらよいのかわからなくて無視してしまったりする家族もいるかもしれません。しかし、認知症になった人は、家族にそんな態度をとられると、**精神的に不安定**になり、認知症の症状がさらに進んでしまうことがあります。

　歩くのが遅くなったり、背中が丸くなったりするのと同じように、脳の認知機能も年をとると自然と落ちるものです。**認知症が原因と思われるまちがいや失敗があってもそれをせめず**に、「おばあちゃんが洗濯物を取りこんでくれて助かった」「おじいちゃんが買ってきてくれたジュースおいしかったよ」など、ほかのことで**感謝の気持ちを伝える**とよいでしょう。

　また、認知症になる前の性格がより強く出ることもあります。認知症の症状が進むことで、例えばもともと怒りん坊だった人がさらに怒りっぽくなったり、もともと外出嫌いだった人がますます家に引きこもるようになったりすることがあります。

　認知症の人には、優しく、否定せずになるべくほめて接することが大切です。そうすることで認知症の人の気持ちも安定し、イライラしたり、すぐに興奮したりする行動心理症状 (→ p.40) が落ち着くこともあります。

小中学生がサポートできることもあります！

認知症の人を支える地域の取り組み

認知症の約600万人※をサポートするため、
全国各地でさまざまな取り組みが始まっています。
認知症の人やその家族とお酒をくみかわす「オレンジバル」もその一つです。

※65歳以上、2020年時点（厚生労働省）

小学生・中学生でもなれる「認知症サポーター」

みなさんの町に暮らしている認知症の人をやさしく見守ったり、町中で困っている高齢者がいたら手助けしたりするのが「認知症サポーター」。特別な活動をするわけではなく、認知症についての正しい知識と理解をもって、認知症の人やその家族を温かい目で見守るのがその役割です。

「全国キャラバン・メイト連絡協議会」が各自治体や企業、学校などと協力して、認知症サポーター養成講座（約90分、原則的に無料）を開催しています。この講座を受けると、誰でも認知症サポーターになることができ、認知症サポーターカードがもらえます。2022年9月時点で、1400万人以上が認知症サポーターになっています。

一部の地域では、カードだけでなく、「オレンジリング」ももらえます。

「認知症カフェ」って何？

さまざまな不安をかかえ、孤立してしまいがちな認知症の人やその家族が集まってお茶を飲みながら交流できるのが「認知症カフェ」。「オレンジカフェ」とも呼ばれ、全国に7000か所以上あります。認知症の専門家や地域の人も参加しています。

「オレンジバル」では誰が認知症の人かわからない？

横浜市認知症疾患医療センターのセンター長でもある、医師の長田乾先生（本書の監修者）は、オレンジカフェ（認知症カフェ）とちがってお酒も飲める「オレンジバル」を始めました。会場は、病院の近くのそば店です。

参加者は、認知症やMCI（軽度認知障害）の人、その家族、認知症の人に関わる仕事（→p.32-33）をしている人、ボランティア、近所の人などさまざまです。「認知症やMCIの人」と「家族」に分かれて順番に話すようなことはしません。好きな席に座って、好きなことを話します。誰が認知症の人で、誰がそうでないのかは、わかりません。

「『認知症と診断されて、お酒を飲むなと言

われ、さみしい』と認知症の人たちが言っているのを聞いたことがきっかけです。『認知症になったら、お酒を一滴も飲んではいけない』というわけではありません。食事とお酒を楽しみながら、たくさんの人と交流することができるにぎやかな場所をつくりたくて、この『オレンジバル』を始めました。今日ここで話したことを忘れてもいいのです。『ほがらかにボケる』ことを私はおすすめします」と長田先生は話します。

●あざみ野オレンジバル（協力：蕎麦処そばくろ）
　2019年9月にスタート。新型コロナウイルス感染症の拡大により、オンライン、リアル飲み会とオンラインの同時中継など状況に応じて開催。

「オレンジバル」参加者の声

70代男性（MCI）
もともと1人で静かに本を読むことが好きなのですが、長田先生のすすめで妻と参加しています。頼りになる妻が連れてきてくれるので安心です。

女性（夫がMCI）
MCIの診断後、本人は自分に何が起きているのかよくわからず気持ちが荒れていました。今は、いっしょに病気のことを勉強しています。今の夫の状態が長く続けばいいなと思っています。

70代男性（妻がMCI）
妻の介護は毎日が手探りでどうすればいいかわからず困ってしまうことがありますが、ここでなら同じ病気の方のご家族に相談できるので助かっています。

60代女性（夫が認知症）
ジャーナリストとしてバリバリ働いていた夫は、6年前に頭を強打し、その後、認知症と診断されました。会話が続かなかったり、話が飛んだりしますが、ここではそんなことを気にせず楽しく笑いながら話ができます。

60代男性（妻が若年性認知症）
妻に若年性認知症の症状が出たのは2年くらい前。今、昼間はデイサービスで過ごしています。家にいても話題がないので、ここに来ていろんな人と話すのは、とても楽しいです。

50代男性（亡くなった母が認知症だった）
認知症の母は、10年間施設で暮らしたあと亡くなりました。母におしゃれをさせて「オレンジバル」に連れて来たかった。そんな思いで、バルがある日は必ず寄ります。

90代女性（MCI）
いろんな人と話せる場に参加できることは、ありがたいわ。こんな風に気さくに話せる場ってなかなかないんです。病気の方もいらっしゃるけどそんなこと関係ないの。みんなニコニコして楽しく過ごす。そういう時間がいいじゃありませんか。

80代男性（認知症プログラムのボランティア）
実際の認知症の人に会って話をしてみたいと思い、参加しています。体験談などが聞けてとても勉強になりますし、みなさんとお話しすること自体、楽しいですよ。

そば店「蕎麦処そばくろ」（オレンジバルの会場）の店主
あざみ野の商店会の会長として、認知症の方にも安心してこの商店会を利用してほしいんです。長田先生といっしょに住みやすい街づくりの実現に向けて活動できることをうれしく思います。

さくいん

語句の出てきた巻を❶❷❸で示しています。

■ **編集協力**
有限会社オフィス朔（松本紀子、吉田香、大熊文子）、
弘中ミエ子、石川哲也

■ **デザイン**
株式会社ダイアートプランニング（石野春加、今泉明香）

■ **表紙イラスト・挿絵**
かわいちひろ

■ **巻頭マンガ**
日生マユ

■ **クイズマンガ・キャラクター**
矢部太郎

■ **カットイラスト**
にしださとこ、絵仕事界屋

■ **取材協力**
あざみ野オレンジバル

■ **写真**
出典は写真そばに記載。

■ **DTP**
株式会社四国写研

■ **企画編集**
近藤想、髙橋桃子

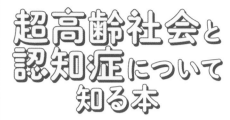

NDC367　監修 長田乾

超高齢社会と認知症について知る本

② 認知症って何？

Gakken　2023　48P　26.5cm
ISBN 978-4-05-501395-6　C8036
特別堅牢製本図書

超高齢社会と認知症について知る本
② 認知症って何？

2023年2月21日　初版第1刷発行
2024年1月31日　第2刷発行

監修　　　　長田乾
発行人　　　土屋徹
編集人　　　代田雪絵
編集担当　　近藤想、髙橋桃子、澄田典子
発行所　　　株式会社Gakken
　　　　　　〒141-8416
　　　　　　東京都品川区西五反田2-11-8
印刷所　　　TOPPAN株式会社

●**この本に関する各種お問い合わせ先**
・本の内容については、
　下記サイトのお問い合わせフォームよりお願いします。
　https://www.corp-gakken.co.jp/contact/
・在庫については　Tel 03-6431-1197（販売部）
・不良品（落丁、乱丁）については
　Tel 0570-000577
　学研業務センター
　〒354-0045 埼玉県入間郡三芳町上富279-1
・上記以外のお問い合わせは
　Tel 0570-056-710（学研グループ総合案内）

© Gakken

学研グループの書籍・雑誌についての新刊情報・詳細情報は、下記をご覧ください。
学研出版サイト　https://hon.gakken.jp/